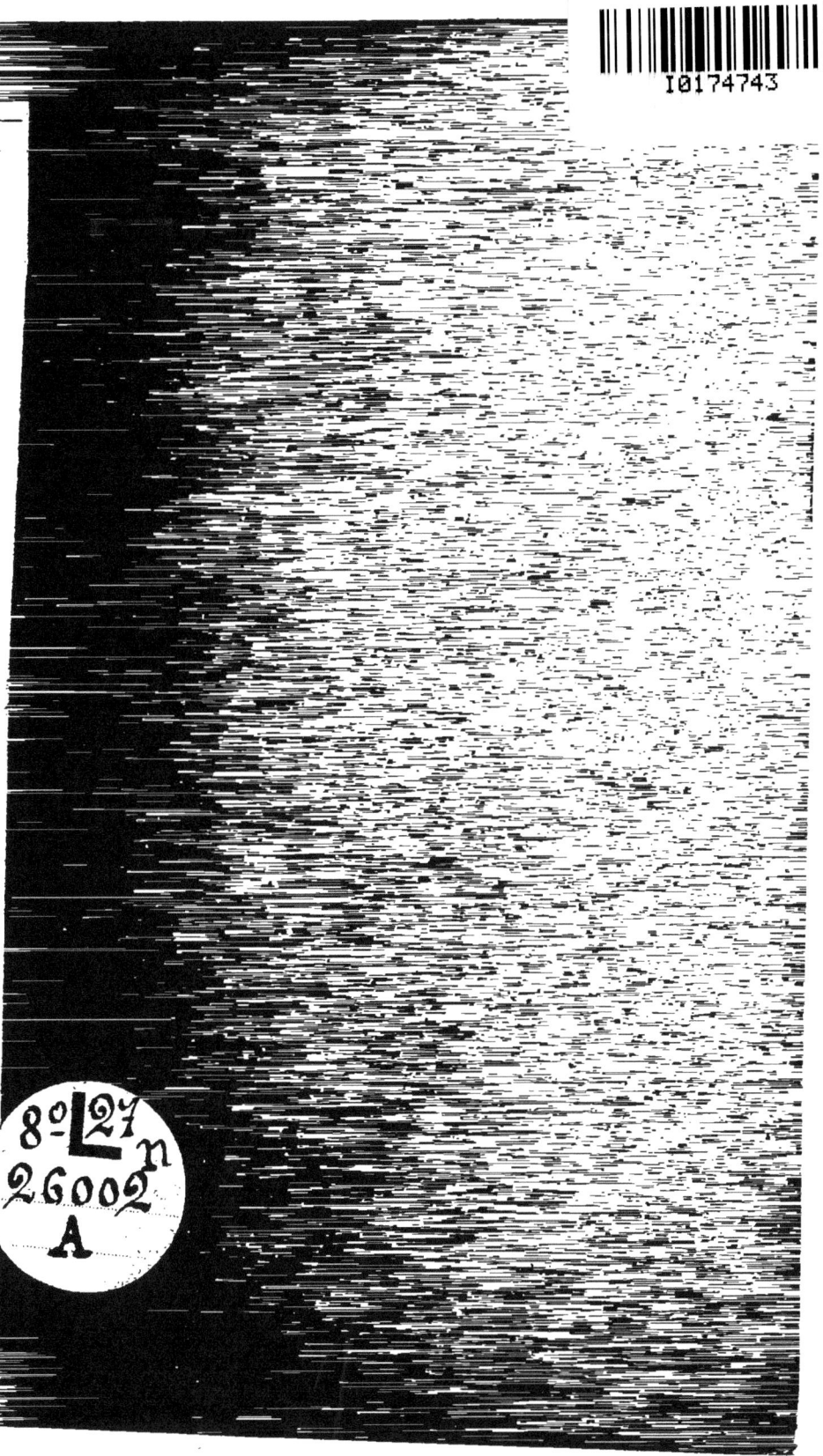

VIE
d'Anne-Toussainte de Volvire

DITE LA SAINTE DE NÉANT

PAR

L'ABBÉ PIÉDERRIÈRE

Curé de la Trinité-Porhoët

VANNES

IMPRIMERIE Vve LAFOLYE & FILS

1899

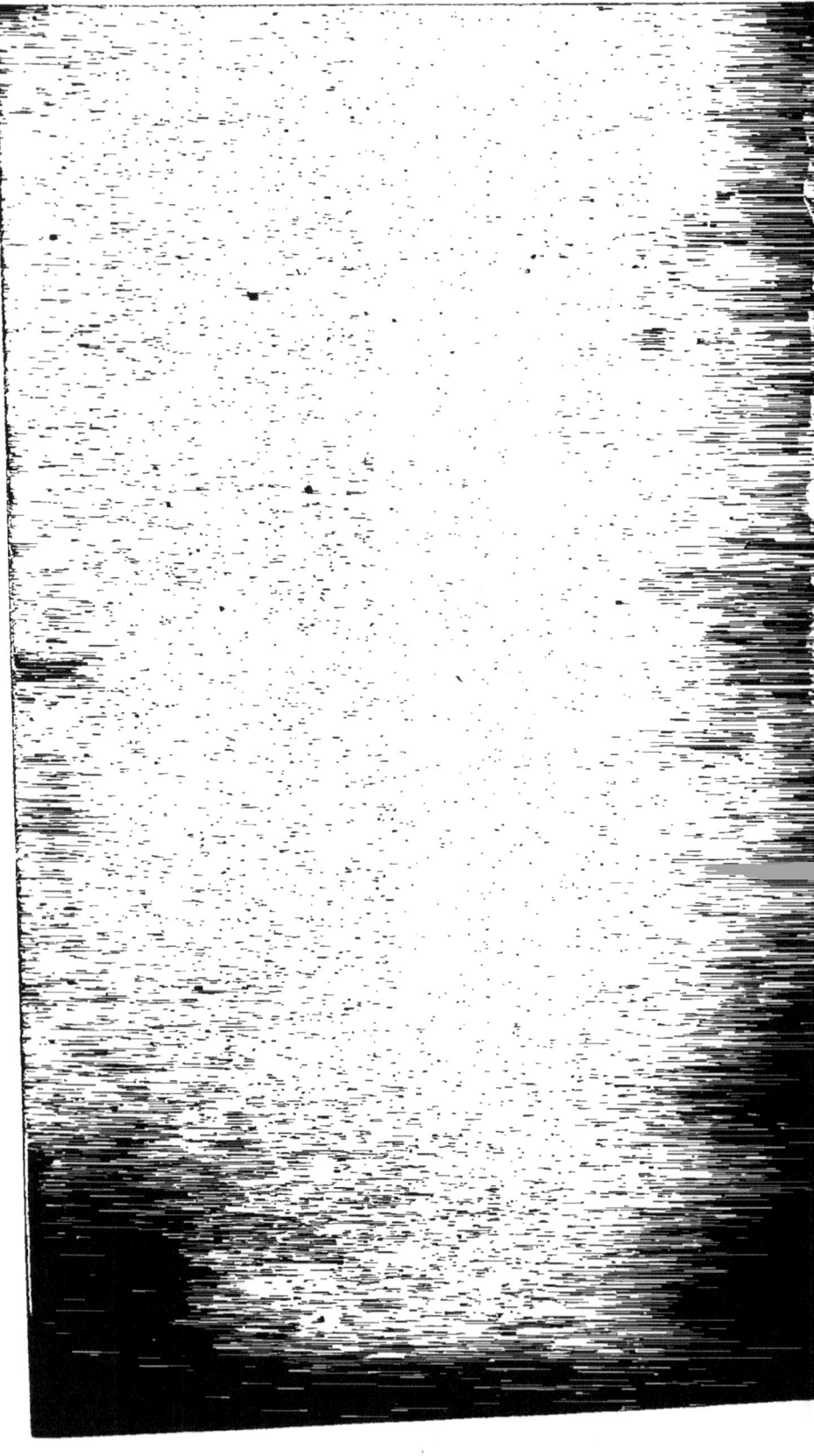

VIE D'ANNE-TOUSSAINTE DE VOLVIRE

DITE LA SAINTE DE NÉANT

VIE
d'Anne-Toussainte de Volvire

DITE LA SAINTE DE NÉANT

PAR

L'ABBÉ PIÉDERRIÈRE

Curé de la Trinité-Porhoët

VANNES

IMPRIMERIE Vve LAFOLYE & FILS

1899

INTRODUCTION

Nous trouvons pour la première fois le nom du château du Bois-de-la-Roche, paroisse de Néant, écrit dans notre histoire de Bretagne, en l'an 1288. A cette époque, un seigneur nommé Hervé l'habitait, et paraissait comme témoin d'un accord passé entre le vicomte de Rohan et Hervé de Léon. *(D. Morice)*[1].

La veille de la Pentecôte, en l'année 1420, Robert de Montauban et Marie de Saint-Denoual, son épouse, par suite de la mort d'Olivier de Saint-Denoual, frère de ladite Marie, et dont elle devenait héritière, rendirent aveu au duc de Bretagne pour le manoir du Bois-de-la-Roche, ses bois alentour contenant trois cents journaux, les moulins, les rentes et terres adjacentes. *(D. Lobineau)*.

---

[1] Le manoir du Bois-de-la-Roche était situé dans la paroisse de Néant, au diocèse de Saint-Malo, aujourd'hui au diocèse de Vannes (Morbihan). Il existe encore, et occupe une position admirablement choisie, qui domine la vallée de la rivière du Livet, et d'où l'œil embrasse un magnifique horizon sur la forêt, féerique et tant chantée dans les vieux temps, de Brécilien ou Brocéliande. Il fut démantelé en 1793, et même en partie incendié. La plus grande et la plus forte partie des anciens bâtiments a donc disparu à cette époque, et des restaurations nouvelles ont fait disparaître leurs ruines. Le Bois-de-la-Roche est devenu une paroisse depuis 1846.

A partir de ce moment, la famille de Montauban demeura, pendant un siècle, propriétaire du Bois-de-la-Roche. A Robert succéda Guillaume, son fils, qui occupa le milieu du XV⁰ siècle, et fut père de l'illustre chancelier de Bretagne, Philippe de Montauban. On sait que le duc François II, en mourant, le nomma tuteur de sa fille, la princesse Anne, conjointement avec le maréchal de Rieux. Philippe exerça beaucoup d'empire sur l'esprit de sa pupille, et devint la cause de son mariage avec Charles VIII, et, par conséquent, de la réunion définitive de la Bretagne à la France. Il transforma le vieux manoir du Bois-de-la-Roche et en fit une magnifique forteresse, flanquée de neuf tours de mâchicoulis et de douves profondes. Le parc voisin, qui l'entourait en partie, fut entièrement cerné de murs. Philippe mourut le 1ᵉʳ juillet 1514, laissant deux filles, dont l'une épousa le seigneur de Montejean, et l'autre René de Volvire[1].

René de Volvire eut de Catherine de Montauban, son épouse, entre autres enfants, Philippe, qui naquit en 1532 et devint célèbre. Il s'était déjà fait un nom, quand, en 1565, il prit en mariage Anne d'Aillon, fille et sœur des héroïques comtes de Lude, dont la valeur était connue de toute l'Europe. Il fut chargé par les rois

---

[1] La famille de Volviré paraît tirer son origine d'Igelelme, fils puîné de Raoul, vicomte de Thouars, qui vivait en 973. Au XIV⁰ siècle, un mariage lui apporta la belle et importante seigneurie de Ruffec, en Anjou. Plusieurs de ses membres occupèrent de hautes positions dans le monde, et firent même des alliances princières.

Charles IX et Henri III de missions importantes, et mérita le titre de commandeur de l'ordre du Saint-Esprit. On connaît sa belle résistance aux ordres de Catherine de Médicis, à Angoulême, dont il était gouverneur au moment des guerres civiles et religieuses. Il mourut assassiné à Paris, en 1585, et Angoulême reconnaissant réclama ses restes mortels, qui lui furent accordés par Anne d'Aillon, et qu'on inhuma dans la cathédrale. Cette femme, catholique à toute épreuve comme son digne époux, vivait encore au Bois-de-la-Roche en 1591. L'année suivante, le baron de Camor s'empara de cette forteresse, et les troupes de la Ligue ne la quittèrent qu'au moment de la pacification, en 1598.

Henri de Volvire, fils ou petit-fils du précédent, eut pour parrain le roi Henri III, et pour marraine Marguerite, duchesse de Savoie. Il épousa Hélène de Talhouët, rendit des services signalés aux rois Henri IV et Louis XIII, et fit presque toutes les guerres de son temps. Il mourut au château du Bois-de-la-Roche, et fut enterré dans le tombeau de ses pères, au couvent des Carmes de Ploërmel.

De son mariage avec Hélène de Talhouët, il eut, entre autres enfants, Charles, né en 1621, et qui, vers 1651, épousa Anne de Cadillac.[1] Charles n'entra point dans

---

[1] Anne avait de quatorze à quinze ans au moment de son mariage. Elle était fille de Louis de Cadillac et d'Anne de Quélen, sieur et dame de la Ménauraie, paroisse de Locmalo, au diocèse de Vannes. Le manoir de la Ménauraie était de la dépendance du grand fief de Rohan-Guémené. Anne avait un frère du nom de Jean, qui ne se maria point. Ils reçurent tous les deux une éducation solidement chrétienne de leur père et de leur mère.

les fonctions publiques, il demeura dans ses terres pendant toute sa vie. Il eut de sa femme une dizaine d'enfants ; la première fut Anne-Toussainte, dont nous allons parler.

Une grande figure de femme, de chrétienne et de duchesse apparut au XVe siècle en Bretagne : la bienheureuse Françoise d'Amboise, dont l'Eglise célèbre la mémoire depuis quelques années. — Anne-Toussainte de Volvire venait du même sang. Elle descendait aussi des seigneurs de Thouars, du côté paternel, puisque sa famille en était issue. Du côté maternel, elle venait également des Montauban. En effet, Béatrice, fille de Guillaume de Montauban, avait épousé, en 1395, Jean III de Rieux, et deux enfants naquirent de ce mariage, François et Marie de Rieux.

Or, Marie devint la femme du vicomte de Thouars, et en eut Françoise, qui devint duchesse de Bretagne en s'unissant à Pierre II.

Robert de Montauban, qui se maria avec Marie de Saint-Denoual du Bois-de-la-Roche, comme nous l'avons vu, était frère, ou tout au moins cousin-germain, de Béatrice, aïeule de la bienheureuse Françoise d'Amboise. — C'est ainsi que Anne de Volvire, dont la trisaïeule était une Montauban, se trouvait issue des mêmes souches que la « bonne duchesse ».

Françoise vivait dans une position que l'histoire ne peut oublier. Anne a vécu de la vie privée. Ses bienfaits, déposés dans le sein des malheureux de toute nature, devaient demeurer sans écho après sa mort. Elle n'avait travaillé qu'en vue de Dieu, et Dieu avait récompensé ses vertus au ciel. Il semble donc que tout devrait être fini pour elle en ce monde. Heureusement il n'en a pas été ainsi ; ses mérites dépassaient, dans une mesure abondante, les mérites du commun même des bons chrétiens. Sa mémoire ne devait pas périr ; Dieu et les hommes ne l'ont pas voulu.

On n'a jamais écrit jusqu'ici qu'un tout petit abrégé de la vie de Mlle de Volvire, publié sous différentes formes. Nous avons fait de longues et minutieuses recherches, et nous livrons un nouveau travail au public. Nous l'aurions voulu plus complet encore ; on nous pardonnera notre impuissance.

ANNE-TOUSSAINTE DE VOLVIRE

DITE LA SAINTE DE NÉANT

I. — LA NAISSANCE D'ANNE DE VOLVIRE.

Commençons par l'acte de baptême : « Le second jour de novembre 1653, je, soussigné, recteur de la paroisse de Néant, ai baptisé Anne-Toussainte de Volvire de Ruffec, fille de haut et puissant seigneur messire Charles de Volvire de Ruffec, comte du Bois-de-la Roche, Bedée, le Rox, Binio, Châteautro, Saint-Guinel[1] et autres lieux ; — et de haute et puissante dame Anne de Cadillac, sa compagne et épouse. — Parrain, Jean Gaspais ; marraine, Julienne Nouvel, pauvres.[2]

» Signé : JEAN RIOU, recteur de Néant. »

[1] Châteautro, situé dans la paroisse de Guilliers, était la résidence habituelle des comtes de Porhoët jusqu'en l'an 1008, où ils se fixèrent à Josselin. Saint-Guinel, situé dans la paroisse de Mauron, conserve des ruines qui semblent de la même époque que celles de Châteautro, et donnent lieu de présumer que le château du Bois-de-la-Roche y était placé vers les Xe et XIe siècles. Ces ruines ne sont qu'à environ un kilomètre du Bois-de-la-Roche.

[2] Jean Gaspais était fermier de M. de Volvire, au village du Bois-Bras, en Néant. Il contribua à la restauration de la chapelle du Boisbily, dont il était trésorier.

En voyant la famille de Volvire prendre parmi les pauvres un parrain et une marraine à leur enfant, on pourra peut-être éprouver quelque surprise. Cependant, au XVII° siècle, il n'était point rare de voir la noblesse choisir, pour tenir ses enfants sur les fonts de baptême, les fermiers les plus honnêtes et les plus aimés, ou les pauvres les plus respectables du voisinage ; les registres de nos paroisses bretonnes en font foi. Telle est, du reste, la divine action du christianisme, quand il s'empare des âmes : il abaisse les puissants et les riches, et relève les faibles et les humbles, afin de nous unir tous dans les liens d'une douce fraternité.

M. et Mme de Volvire accueillirent la naissance de leur première née avec un grand bonheur ; toute la famille fut dans la réjouissance. Ils la regardèrent comme un don du Ciel ; et c'en était un en effet ; mais les pensées de Dieu sont souvent différentes de celles des hommes.

Les années suivantes, ces dons se multiplièrent. Ces bons époux ne firent point de calculs avec la Providence, qui les bénit comme les patriarches. Les registres de la paroisse de Néant nous fournissent les noms de Joseph de Volvire, né le 16 octobre 1654 ; — de Jean Philippe, né le 11 février 1656 ; — de Marie-Charlotte, née le 9 décembre 1658 ; — de Geneviève, née le 13 janvier 1661 ; — de Béatrice, née le 27 février 1665 ; de Marguerite, née le 8 juillet 1666 ; — d'Agathe Blanche, née le 10 février 1670 ; — enfin de Clé... né le 8 septembre 1673. — Nous voyons donc neuf enfants, et nous ne sommes point certain que notre relevé

ANNE-TOUSSAINTE DE VOLVIRE

...let, ou que quelqu'un n'ait été inscrit sur le ... de quelque autre paroisse.
... Toussainte tint aussi plusieurs enfants sur les ... du baptême. Nous en nommerons quelques-uns : ... c'est sa sœur Béatrice, le 27 février 1665. ... suivante, elle assistait dans la chapelle du châ... cérémonies du baptême de sa sœur Mar... signature, apposée dans ces deux circons... montre une belle écriture et une instruction ... pour son âge.
... pauvres habitants de la campagne avaient ... témoins et les garants de la rénovation spirituelle ... de Volvire, elle rendit ce bienfait sans parci... Le 1er juillet 1659, à l'âge de sept ans, elle tenait ... fonts sacrés Toussainte Le Mercier ; — le 27 ... 1666, Mathurin Le Sourt ; — le 23 février 1667, ... Boisnon ; — le 2 septembre 1675, Anne Co... dont M. Jean-François d'Andigé, seigneur d'Ar... fut le parrain. On pourrait relever d'autres faits, ... mais ceux-ci suffisent pour nous montrer que ... dès son enfance, éprouvait déjà ces élans de ... qui, un jour, produiront de doux et beaux ...

II. — ÉDUCATION.

... de Volvire et Anne de Cadillac n'avaient qu'à ... les traditions de leurs ancêtres, pour com... leur mission dans l'éducation de leurs ... ... Pendant les guerres civiles et religieuses de la fin du XVI⁰ siècle, les habitants du château du Bois-de-la-Roche avaient toujours été pour le catholicisme. Philippe de Volvire et sa noble compagne n'ignoraient pas ce qu'ils devaient à leur roi, mais ils savaient aussi ce qu'ils devaient à leur Dieu, et ils ne transigeaient pas. Henri, leur descendant, et Hélène de Talhouët, son épouse, transmirent les mêmes sentiments à leur fils. La source était bonne et chrétienne ; ses ondes devaient être pleines de religion et de vertus.

Anne-Toussainte semble avoir reçu son éducation entière à la maison paternelle, car on l'y retrouve sans cesse. Ses parents prenaient des institutrices, qu'ils surveillaient, et qu'ils aidaient de leurs conseils et de leur autorité. Cependant, à mesure que leurs enfants avançaient en âge et se multipliaient, ils en mirent plusieurs, surtout les garçons, dans les établissements les plus sûrs et les plus renommés pour compléter leur instruction et se préparer, au besoin, pour les carrières publiques.

Dieu eut sa belle part. Sans mentionner Anne, nous trouvons deux autres filles qui embrassèrent l'état religieux, et il est présumable qu'un des fils suivit leur exemple. La conclusion est facile ; l'éducation fut pure et sérieuse.

Les habitants du château vivaient en bonne intelligence avec les gentilshommes du pays, et se faisaient de mutuelles visites. On organisait des parties de plaisir : c'était un moyen de donner aux enfants les joies compatibles avec leur âge et avec leurs besoins physiques et moraux.

... sa jeunesse, grâce à la haute position de son ... Charles de Volvire avait vu le grand monde. ... conservé des rapports avec des parents et des ... ssances de la capitale, dont quelques-uns occu... de hautes fonctions dans l'Etat. Vers 1668, il eut ... d'aller à Paris, et, croyant être utile à sa fille ... ée, il la mena avec lui. Il lui fit voir le monde, ... digua ses compliments. Père sensible et heu... voulut, à l'instar d'autres familles, faire prendre ... ait de sa chère enfant ; elle s'orna de ses plus ... ours, et posa devant un peintre habile. ... trait existe encore au château du Bois-de-la-... On peut toujours le lire, quoique un peu vieilli. ... cé dans un grand salon, et encadré dans un ... ur, qui semble avoir été fait pour le recevoir. ... fille est reproduite dans sa grandeur natu... n front, pur et élevé, est ceint d'une tresse ... veux blonds retenue par un peigne perlé. Ses ... eux, limpides et vifs, brillent sur une figure ... aîche. Un collier de perles resplendit autour ... tandis que des bracelets précieux parent les ... s. La robe, à forme décolletée, de couleur ... dré, relevée par des nœuds autour du corsage, ... de riches fleurs. De la main droite, Anne ... magnifique guirlande, qui vient, à gauche, ... dans les ombres. En face, est une table ... dement garnie, sur laquelle repose une riche ...

... rrait dire que ce tableau ressemble à un déli-... tre, au milieu duquel resplendit une intelligente et gracieuse figure, que le monde caresse, et qui paraît prête à se donner à lui. Cependant, on entrevoit, dans tous les traits, que cette âme, grande et fière s'ignore visiblement encore. Si elle a joyeusement posé pour obéir à son père, on pressent qu'elle s'admire aussi, et ne serait point mécontente d'attirer l'admiration d'autrui ; mais rien n'annonce qu'elle voudrait uniquement plaire au monde. Toutefois le moment des tentations est arrivé.

Faute d'autres documents, ce tableau nous donne une idée de la jeunesse de Mlle de Volvire, ou tout au moins d'un de ses jours de fête. Cette jeunesse fut celle des personnes de son rang et de son sexe. L'amour de Dieu et des vanités du monde pouvait se mélanger par moments dans son cœur, mais rien n'y fait entrevoir le mal.

Cependant nous venons d'exposer les causes des expiations futures de la noble demoiselle.

III. — Conversion.

L'antique manoir du Bois-de-la-Roche, reconstruit par Philippe de Montauban, augmenté d'une aile par Henri de Volvire, était splendide au milieu du XVIIe siècle. La partie nouvelle, jointe à la partie ancienne, formait une espèce de fer à cheval, dont le portail principal s'ouvrait au coin du parc. Là, une route droite, prenant à gauche, se rendait vers la rivière du Livet, au sud. A environ trois ou quatre cents

..., sur le bord du chemin, était une vieille carrière à pierres, à pic et profonde, déguisée par des bois
... et autres, qui étendaient leurs branches sur
... Cette carrière, dont le filon était épuisé, fournit
... autrefois les matériaux de construction du
... et des maisons environnantes. Quoique comblée
... par les éboulements successifs et les détritus
..., elle a encore aujourd'hui une vingtaine de
... de profondeur. Nous allons voir, dans un mo-
... que ces détails ne sont pas inutiles, et qu'un fait
... va se passer ici.
... Toussainte avait dix-sept ans en 1670. Pleine
... et de grâces, elle était recherchée par plu-
... prétendants. Elle repoussait leurs hommages ;
... secret, elle aimait un jeune gentilhomme du
..., qui avait, aux yeux de son père, le tort de
... qu'une médiocre fortune. Pressé entre le
... de voir sa fille choisir un autre pour époux, et la
... de la voir malheureuse, il eut l'idée de réunir,
... une grande partie de chasse, un certain nombre
... seigneurs. En leur donnant une fête brillante,
... montrerait tout son savoir-faire, il mettrait
... Anne-Toussainte, qui serait l'héroïne de la cir-
..., à même de faire un choix important et
... La réunion fut considérable, et chaque invité
... en effet, resplendir de tous ses avantages :
... costumes, magnifiques livrées, somptueux équi-
... meutes bruyantes, arrivèrent de toutes parts, le
... du jour indiqué. — Mlle de Volvire, en costume
... accompagna la chasse sur un beau cheval

qu'elle conduisait avec grâce et dextérité. Elle marchait auprès de son père. Tout à coup une fanfare éclatante et inattendue frappe l'oreille de son cheval ; l'animal éperdu fait un bond, prend sa course, franchit l'espace avec la rapidité de l'éclair, arrive sur le bord de la carrière, déguisée par quelques feuillages, et, n'étant plus maître de lui-même, s'y précipite épouvanté.... la foudre n'est pas plus rapide que cette course effrénée.

Un frisson glacial s'empare de tous ceux qui entourent la noble demoiselle. L'un deux, et on devine lequel, surmonte immédiatement son épouvante ; son œil ayant tout entrevu, il lance son coursier... et regarde le précipice, au fond duquel gît, sanglant et broyé, le cadavre d'un cheval. La jeune fille, détachée de la selle, est restée suspendue au-dessus de l'abîme, accrochée par la robe à quelques branches fragiles, que le moindre effort peu briser. Elle est évanouie ; rien n'indique qu'elle ait quelque connaissance de sa position.

L'intrépide jeune homme n'écoute que son courage et son cœur. Au péril évident de sa propre vie, il veut délivrer celle dont il avait deviné et pressenti les sympathies. Après d'incroyables efforts, il y parvient, mais le Ciel lui était venu en aide.

La compagnie, arrivée dans un instant, avait tout vu, et, dans un frémissement de terreur impossible à décrire, avait coopéré, dans la mesure de ses forces, au salut de la jeune fille.

M. de Volvire fut plongé dans la stupeur et l'anéantissement ; son cœur fut brisé, sa tête comme perdue.

Il ne revint de son désespoir qu'en revoyant sa chère enfant hors de péril, et il confondit avec elle et avec le jeune homme ses larmes et sa reconnaissance.

Quand le calme se fut fait et que la raison eut repris le dessus, Charles de Volvire prit les mains de sa fille, et, les unissant à celles du jeune homme qui venait de la sauver : « Anne, lui dit-il, mon enfant bien-aimée, voilà votre époux. Il est digne de vous. Soyez heureux tous les deux... » Il ne put rien ajouter ; son émotion étouffa sa parole. — « Mon père, répondit la jeune fille, d'une voix pénétrée et solennelle, il est trop tard... L'union que vous m'offrez aurait fait tout mon bonheur, il y a quelques instants ; maintenant, il m'est défendu de l'accepter. Je suis reconnaissante plus que je ne puis l'exprimer..., mais je viens, dans le péril, de m'adresser à Dieu, qui, désormais, sera mon unique époux. » Et elle se prit à verser des larmes.

Anne, en effet, n'appartenait plus au monde. Dans l'effroyable danger qu'elle venait de courir, une pensée rapide et forte avait traversé son âme. Sans espérance humaine, elle s'était dit que, si Dieu la sauvait, elle serait toute à Dieu.

Cette promesse, elle la renouvela devant les assistants surpris, étouffant dans les commotions de l'âme et des sens ses dernières pensées de bonheur terrestre.

Cependant M. et Mme de Volvire crurent d'abord qu'une crise, instantanée et vive, avait seule produit une résolution que le temps et la réflexion emporteraient. Dans la jeunesse surtout, l'exaltation d'un moment ne fixe pas d'ordinaire, d'une manière irrévocable, le sentier de la vie. Il en serait ainsi pour leur fille.

Ils retinrent donc au château le jeune gentilhomme, dans l'espérance que sa présence produirait naturellement une révolution dans le cœur d'Anne. Ils se trompèrent. Au bout de quelques semaines ce jeune homme comprit le sacrifice de celle qui s'était promise, car il avait une âme chrétienne et élevée. Il se retira donc, en lui conservant son estime à la place de son amour.

M. de Volvire ressentit de cet événement de pénibles impressions, tandis que sa femme se soumettait.

IV. — Épreuves.

Anne embrassa avec ardeur une vie toute nouvelle. Dieu avait fait en sa faveur quelque chose de ce qu'il avait fait pour Paul, Madeleine et tant d'autres. C'était le coup d'une grâce puissante, sous la forme d'un fatal accident. Or, si les dons de Dieu sont sans repentir, Mlle de Volvire ne se repentit jamais non plus d'avoir écouté et compris sa voix. Elle se mit à suivre vivement le sentier qui lui était tracé.

Cependant, au bout d'un certain temps, au milieu de l'isolement et de la solitude qu'elle s'était créés, elle sentit des moments de tristesse, et, comme elle avait exagéré ses devoirs et ses exercices, la souffrance en advint. Le besoin d'ouvrir son cœur, d'avoir un guide et ses consolations augmenta ses peines. Que faire ? Elle pria, et pria beaucoup.

ANNE-TOUSSAINTE DE VOLVIRE

[...] bon prêtre de la paroisse de Guilliers demeurait [...] village voisin : il jouissait d'une réputation bien [...]. Il venait parfois faire une courte visite au châ[teau], car il connaissait toute la famille, qui le voyait avec [plaisi]r. Il n'ignorait pas les nouvelles dispositions [d'An]ne, mais il se tenait sur une prudente réserve, crai[gnant] de la gêner ou d'inquiéter les parents, dont il [savait] tous les désirs. Cependant elle voulait lui parler [en pa]rticulier et secrètement ; elle en chercha l'occa[sion e]t la trouva : leurs âmes se comprirent. Il résolut [d'aider] la novice dans ses voies mystérieuses. Sans [doute] des difficultés se rencontreraient, mais les diffi[cultés] ne sont-elles pas, bien souvent, le cachet des [âmes] peu communes ?

[Une] modeste et antique chapelle existait, alors comme [aujourd']hui, auprès du village de Kernéant, dans la [lande] de Néant, et en portait le nom. Placée sur une [émine]nce, entourée de chênes séculaires, quelques [pas] de distance la séparaient des murs du parc du [châtea]u. Une porte, dont on voit encore les traces, y [donnait] accès. Un sentier, d'environ un kilomètre, y [condui]sait à travers les taillis et les futaies, et pouvait [merveil]leusement servir la jeune fille pour s'y rendre, [presque] chaque jour, méditative et silencieuse. Une [sortie] de la cour, elle demeurait donc cachée.

[C'est] dans cette chapelle qu'elle se rendit, dans les [premiers] temps, à l'insu de son père ; — car la mère [savait] tout, — pour entendre la sainte messe, recevoir [la sainte] communion, et s'entretenir des intérêts de son [âme avec] l'homme de Dieu.

Cependant cette situation était irrégulière et tendue ; elle devait avoir un terme. M. de Volvire se préoccupait d'autant plus de sa fille, qu'il la voyait prendre un genre de vie plus contraire à tous les projets qu'il avait médités pour son avenir. Aussi, il regardait son attrait pour la solitude, le recueillement et la prière, comme une sorte de sauvagerie ; son courage à suivre les voies divines, comme de l'entêtement. — Il connut bientôt les voyages à la chapelle, les entretiens avec le prêtre, et son jugement fut fixé : c'était là qu'elle puisait les défauts qui faisaient son chagrin. Son esprit s'en aigrit de plus en plus.

Un jour, n'y tenant plus, il sortit, accompagné de deux domestiques, pour suivre de loin sa fille, qu'il avait vue partir pour la chapelle. Il était tellement hors de lui-même, que de sinistres préoccupations lui passèrent sans doute par l'esprit, car il fit prendre des armes à ses deux serviteurs et en prit lui-même. Profondément ému, agité, défait, il entra brusquement dans la chapelle. Là, un prêtre, qu'il connaissait, célébrait le saint sacrifice. Sa fille, dans une posture humble et recueillie, l'entendait. De part et d'autre, un frémissement traversa les âmes. M. de Volvire, rapidement, sans mot dire, la larme à l'œil, sortit, et se mit, d'un pas vif et saccadé, à marcher sous les vieux chênes qui entouraient et ombrageaient l'oratoire. Mille pensées diverses lui traversaient l'esprit ; il était visiblement sous l'empire d'un rude combat intérieur. — Pendant le reste du saint sacrifice, Anne redoubla de ferveur et de prières. Elle pria pour son confesseur, car, s'il était dans un moment difficile, elle en était la cause. — Elle pria pour son bien-aimé père : si, depuis un certain temps, il était dans la peine et le mécontentement, cela ne venait-il pas d'elle encore? — Elle pria pour elle-même, ne demandant que l'accomplissement de la volonté divine sur son existence... Pauvre fille ! son âme était pleine de toutes les angoisses.

Au moment de la communion, elle s'approcha de la table sainte. Le Dieu de paix et de consolation vint prendre possession de son cœur anxieux et brisé. Son action de grâces fut plus longue que de coutume ; elle demanda de nouveau au bon Sauveur un cœur droit et un esprit juste. Elle s'interrogea sur sa conduite depuis sa conversion : nul remords ne vint troubler sa conscience ; un attrait plus fort la dominait plutôt. Elle n'oublia pas son père, qu'elle affligeait, et finit par tout remettre entre les mains de la Providence.

Enfin, elle sortit de la chapelle, non sans quelque inquiétude, et suivie du bon prêtre. M. de Volvire avait triomphé de lui-même, après une lutte où la grâce céleste avait eu sa bonne part. Tranquille et ouvert, il s'approcha d'eux : — « Merci, dit-il au prêtre, des soins religieux que vous donnez à ma fille, et de toutes les peines que vous prenez pour elle. Je suis tout confus d'un dévouement que je reconnais un peu tard, mais que je reconnais bien sincèrement. Désormais, vous voudrez bien venir remplir vos saintes fonctions dans la chapelle de mon château, et accepter la cordiale hospitalité que je vous offre, toutes les fois que vous nous rendrez ce service et nous ferez ce plaisir. » Puis, se tournant vers Anne-Toussainte : — « Quant à vous, ma fille, ajouta-t-il, grâce des peines que nous nous sommes faites, et qu'il n'en soit plus question. Dieu a disposé de vous, il est mon maître comme le vôtre. Vous lui avez obéi ; je veux lui obéir à mon tour. Désormais soyez à lui comme vous l'entendrez, et priez pour votre père... »

A ces derniers mots, de grosses larmes jaillirent des yeux du comte : la paix était faite.

V. — Transformation.

Au moment où nous sommes arrivés, M. de Volvire devait avoir environ cinquante ans ; sa femme trente-quatre, et leur fille, dix-huit ou dix-neuf.

On rapporte qu'un ange apparut, un jour, à une personne, jeune encore, et qui devait devenir une grande sainte. Il lui présenta un voile magnifique, mais couvert de quelques taches, en lui disant : « Voilà une image de votre âme. » Ensuite, il le retourna, le lui remit sous les yeux, orné des fleurs les plus riches et les plus délicates, et ajouta : — « Vous devez ainsi orner votre âme par vos vertus et par vos mérites. »

Mlle de Volvire avait eu les défauts de son âge et quelques attaches aux mondanités. Elle devait les expier, si déjà la chose n'était faite. Il lui restait à orner son âme par une conduite vraiment chrétienne. Voyons ce qu'elle fit.

A sa naissance, elle avait reçu de grandes qualités naturelles : une brillante intelligence, un cœur droit et aimant, une volonté ferme et souple, un caractère jovial, une rare beauté physique ; en un mot, tout ce qui fait le charme et l'ornement de la vie.

La grâce, en s'emparant de cette riche nature, devait la rendre plus belle et meilleure encore. Les influences religieuses, en effet, ne font que détruire ce qui est mauvais et perfectionnent tout ce qui est bon.

Anne posa devant elle son âme comme un miroir, afin d'y voir ses fautes, ses penchants, ses défauts.

Elle expia ses enfantillages par un esprit et des actes de pénitence, qui durèrent toute sa vie. Elle poussa cette vertu si loin, qu'elle dépassa même la charité pour le prochain. Si sa santé en souffrit, elle ne marcha que plus rapidement vers le ciel. Comme tous les saints, elle fut sévère pour elle-même.

Elle avait parfois occupé son *esprit* à des lectures frivoles, à des pensées peu sérieuses ou mondaines. Ici encore, la première idée fut celle de l'expiation ; la seconde, fut de s'adonner à l'étude des vérités éternelles et religieuses. Elle se mit à lire la *Vie des Saints* et des livres de piété. La méditation devint son aliment journalier. D'abord, elle éprouva des difficultés, qui disparurent bientôt, grâce à sa fermeté et aux communications intérieures du Dieu qui ne se laisse point vaincre en générosité.

L'examen de sa vie intérieure et extérieure lui fit voir que sa *volonté* avait suivi, par moments, plutôt les attraits de penchants naturels, que la voix de la conscience. Elle s'imposa la mortification des sens intimes, et une grande surveillance sur les mobiles de ses actions. Son changement de vie lui imposait de nouveaux devoirs ; elle prit conseil de personnes instruites dans les voies de la spiritualité et demanda les lumières de la Sagesse divine. Pour dompter l'orgueil inné, il y avait un moyen supérieur à tous les autres, l'obéissance. Elle fit donc la promesse d'obéir, toutes les fois qu'elle le pourrait sans pécher, quand aucun devoir ne serait en opposition. Plus tard, cette promesse prit de l'extension et devint un véritable vœu. Cette vertu la rendit plus docile, plus souple et plus facile dans ses rapports avec son père, avec sa mère, avec tout le monde.

Anne avait subi un instant les entraînements de l'époque, elle en eut, sinon des remords, au moins des inquiétudes. Cette leçon lui servit pour surveiller davantage ce cœur si ouvert et si bon. Puisqu'il demandait une nourriture incessante et vive, elle la lui fournit : l'amour de Dieu peut être sans mesure, un cœur n'est point capable de le contenir. Elle pria et versa des larmes, et bientôt, comme Augustin, elle s'écriait, dans l'abondance de son amour : « O beauté toujours ancienne et toujours nouvelle, je vous ai connue bien tard ! Donnez-moi de vous aimer, de vous aimer de toutes les forces de mon âme, de toute l'ardeur de mes désirs ! »

Elle aima surtout le Dieu fait homme, et qui se plaît à habiter au milieu des hommes. Elle le visitait fréquemment dans la chapelle du château et le recevait dans la sainte communion, et, comme les disciples

[...]amais, elle sentait son cœur brûlant pendant [que]
[qu'] elle s'entretenait avec lui.
[Ap]rès l'amour de Dieu, arrivait l'amour du prochain.
[Les con]temporains et les générations suivantes nous
[ont] fait savoir combien elle aima tout le monde, les
[pauv]res et les malades, en particulier.
[De] prime abord sa *mémoire* la ramenait, non seule-
[men]t vers les joies d'enfance, mais aussi vers les plai-
[sirs un] peu mondains auxquels elle avait pris part.
[Elle v]oulut y mettre un frein et, comme la pensée des
[chose]s divines et éternelles s'était emparé de son âme,
[ce bu]t fut bien vite atteint. Les préoccupations de ses
[œuv]res de charité firent disparaître le reste de ses sou-
[veni]rs.

[Le] caractère de M¹¹ᵉ de Volvire était heureux, enjoué,
[plein] de saillies amusantes et spirituelles. Dans une
[famil]le et dans une société, elle pouvait apporter beau-
[coup] de charmes et s'attirer des applaudissements. Mais
[on ne] fait pas longtemps briller son esprit, sans occa-
[sionne]r d'ordinaire de petits froissements d'amour-pro-
[pre a]ux autres. Elle sentit les dangers de sa nature, et tra-
[vailla] y mettre un ordre convenable. Le Sauveur l'a dit :
[« B]ienheureux ceux qui sont doux, pacifiques, humbles
[et ch]aritables. » Il fallait croire et imiter le divin modèle.
[Ses] *sens extérieurs* devaient obtenir, de sa part, la
[même] attention. Tous les biens de ce monde ne valent
[pas un]e âme chaste, dit l'Esprit Saint. Anne fit le vœu
[de vir]ginité ; et, pour mieux le garder, elle forma un
[pacte av]ec ses yeux et tous ses sens, afin de les retenir
[dans l]es réserves de la modestie.

Pour opérer et soutenir ces transformations sévères, il fallait des secours surnaturels. La faiblesse humaine, abandonnée à elle-même, n'a qu'une certaine mesure de courage et de force ; mais Dieu, qui sait de quel limon il nous a formés, n'abandonne pas ceux qui mettent leur confiance en lui. Une magnifique chapelle de style gothique, avait été construite par Philippe de Montauban, dans la dernière tour, à l'extrémité sud-ouest du château. Anne obtint de son père qu'une messe presque quotidienne y fût célébrée ; et bientôt, Mgr l'Evêque de Saint-Malo permit d'y conserver la sainte Eucharistie. Une vaste chambre, donnant sur un des plus beaux points de vue qu'on puisse admirer, avait une porte, joignant à la tribune, et qui était en face de l'autel sur lequel reposait le rédempteur des hommes. Elle occupa cette chambre, qui lui fut laissée pendant toute sa vie. Il lui fut donc facile de contenter désormais ses attraits pour la solitude, la prière, les entretiens fréquents avec Dieu. Elle put rafraîchir et fortifier son âme aux sources pures de tous les sacrifices et de toutes les vertus.

VI. — Vie pieuse

On venait de fonder à Vannes, pour la première fois, une Maison de retraites, dont les pieux exercices prenaient de l'extension et devaient produire un grand bien dans les âmes. Mlle de Francheville, la première fondatrice, vint à Ploërmel, accompagnée de Pères Jésuites, pour y donner une de ces retraites. Mlle de Vol-

[illegible] et s'efforça d'en profiter de son mieux [illegible] ressentit un grand bienfait, et remarqua que [illegible] coup d'autres âmes y avaient trouvé un moyen [illegible] de purifier leurs consciences et de s'attacher [illegible] solide. Elle fit connaissance avec la sainte [illegible], qui désira se l'adjoindre comme coopératrice [illegible] se prêta très volontiers à ces ouvertures, et désir[illegible] partie du nouvel institut. Son père s'y refusa [illegible] qu'il avait déjà fait pour elle un grand sacri[illegible] mais, qu'au retour, il comptait bien qu'elle [illegible] désormais tranquille au milieu de sa famille. Elle [illegible] immédiatement. Toutefois, elle s'enten[illegible] les supérieures des Dames de la Retraite, pour [illegible] une sorte d'affiliation, qui lui fut concédée [illegible] avec soin leurs règlements, leurs exercices [illegible] leurs œuvres journalières, afin d'y confor[illegible] dans la mesure de ses autres devoirs [illegible] leur costume pour ses voyages et toutes les [illegible]ances extraordinaires.

[illegible] château et dans la vie privée, elle quitta ses [illegible] du monde, et se revêtit d'une simple robe [illegible] une coiffe plus simple encore. En un mot, [illegible] furent propres, convenables, mais peu [illegible] Ses parents ne voulurent point [illegible] conséquences du changement de vie [illegible] femme de chambre prit la liberté de lui [illegible] elle ne portait plus d'atours brillants [illegible] moins modaine, je ne serais point obligée à tant de pénitence. »

Elle voulut ajouter la mortification dans la nourriture à celle qu'elle mettait dans sa toilette. Si son nouveau costume lui venait en aide pour éviter certaines compagnies et mieux pratiquer l'esprit de solitude, une nourriture prise à part augmenterait ce bonheur et lui donnerait la facilité, en se privant, de soulager les malheureux. Son père lui permit seulement de prendre ses repas dans sa chambre, quand il aurait de la société; mais il voulut jouir de sa présence, quand il serait seul avec sa famille. Ce faisant, il se proposait de l'empêcher de nuire à sa santé par des privations indiscrètes ; et, d'un autre côté, il voulait que, par son caractère enjoué, sa conversation intelligente et ses bons exemples, elle fût utile à ses frères et sœurs.

La pieuse demoiselle étudiait beaucoup la vie du divin Sauveur, afin d'y conformer la sienne. Elle remarqua que, dans la crèche, il n'avait qu'un peu de paille pour se reposer, tandis qu'elle couchait sur un lit moelleux. La différence était trop grande à ses yeux ; et elle voulut la rendre moins sensible. Cette fois, elle ne crut point devoir prendre conseil de ses parents, car l'ordre de la maison n'aurait pas à souffrir. Elle fit donc disparaître de sa couche tout ce qui lui semblait du luxe, et n'y déposa que de la paille, tout en prenant bien soin de lui conserver son ancienne forme extérieure. Comme elle se servait elle-même et refaisait son lit tous les matins son secret resta longtemps caché ; une maladie, qu'elle éprouva, vint le mettre à découvert.

Si Anne n'avait observé que les lois de l'Église sur le jeûne et l'abstinence sa santé n'aurait pas subi d'atteintes car elle était forte ; mais, aux mortifications intérieures et extérieures, dont nous avons déjà parlé, elle en ajouta bien d'autres. Sa mère, qui l'aimait beaucoup exerçait aussi une grande surveillance. S'étant aperçu de certaines exagérations, elle donna des ordres, avertit le confesseur, et finit par les réprimer.

Généralement, chaque dimanche, une messe était célébrée dans la chapelle du château. On était éloigné de plus d'une lieue des églises paroissiales les plus rapprochées. Tout le personnel de la maison y assistait ainsi que beaucoup d'habitants des villages voisins. Mlle de Volvire recevait la sainte communion à cette messe, et, après avoir pris quelque nourriture, se rendait à pied à la grand'messe de Néant. Quand elle pouvait être seule, dans le parcours, elle priait et méditait ; quand elle avait de la compagnie, sa conversation, charitable et pieuse, tendait à inspirer de bonnes pensées, de bons désirs, une vie toujours meilleure.

Elle devait, suivant l'usage général de nos campagnes, porter avec elle sa provision de midi, si elle voulait prendre quelque chose entre la grand'messe et les vêpres. Lorsque les jours étaient mauvais, elle mangeait son morceau de pain et de beurre dans une maison du bourg ; s'il faisait beau temps, elle allait avec quelques filles et femmes, dans le coin d'un champ. Là, elle partageait souvent sa maigre provision avec quelque personne pauvre. En tout cas, elle trouvait toujours moyen de donner la réfection spirituelle des bons conseils, car les cœurs lui étaient ouverts. Elle consolait donc les âmes souffrantes, qui ne manquent jamais, et s'efforçait d'y mettre le baume de la confiance en Dieu.

Mlle de Volvire apprit vite que ce ne sont pas les longues années qui nous chargent de mérites, mais les années bien remplies. Or, les jours composent les années, et notre vie s'écoule comme la fumée et la joie d'un jour. Quand on le commence, on ne sait si on le verra finir. Il est donc nécessaire de hâter son travail. Comme certains ouvriers de la parabole de l'Évangile, elle ne croyait pas être arrivée aux premiers moments. Elle se posa pour règle de se lever de grand matin. Après une prière et une méditation, plus ou moins longues, elle se mettait à l'œuvre, et nous verrons qu'elle fut son activité.

VII. — Malades et pauvres.

Dans les siècles passés, nos religieuses châtelaines, non seulement faisaient l'aumône aux pauvres, mais elles les aidaient aussi de leurs remèdes et de leurs soins dans leurs maladies et leurs infirmités. Elles avaient des remèdes traditionnels, et s'enquéraient de ceux qu'elles ne connaissaient pas, pour les joindre aux livres des bonnes recettes. Ces traditions de bienfaisance existaient depuis bien longtemps au château du Bois-de-la-Roche. Anne n'était pas de caractère à les laisser dépérir entre ses mains.

Après quelques essais, elle s'aperçut vite que ses

ANNE-TOUSSAINTE DE VOLVIRE

...ssances médicales étaient pas trop défectueuses... ...tour d'elle, personne n'était apte à lui donner de... ...seils bien éclairés. Il n'était pas dans sa nature de... ...dans l'indécision, en présence des nombreuses... ...les misères qu'elle devait soulager. Elle donn... ...cations à son père, et obtint de lui la permi... ...aller passer quelque temps à l'hôpital Saint-Y... ...nes. Là, elle n'aurait rien à craindre, puisqu'el... ...au milieu des religieuses ; ensuite, elle verr... ...our toutes les infirmités humaines, et les t... ...divers et appropriés qui leur sont appliqu... ...sorte, son instruction pratique marcherait...

...our arrivée, elle se mit à suivre les sœurs aupr... ...aque malade, en se faisant rendre compte de... ...du mal, de ses symptômes, de ses caractères... ...résultats probables. Les remèdes subissaient... ...ses investigations, de même que toutes les c... ...elle n'était pas sûre des renseignements... ...infirmières, elle s'adressait directement... ...qui, l'ayant connue, se firent un b... ...dre. Son éducation médicale ne tarda p... ...sante pour la mission charitable qu... ...poser. Elle acheta quelques *Manuels*... ...rmacie, renfermant les remèdes essent... ...et reprit le chemin du Bois-de-la-R... ...u à cette époque, les *campagnes* man... ...complètement de médecins. Il n'... ...grandes villes, qu'il ...

aller les chercher et les faire venir. Les pauvres villageois se trouvaient ainsi abandonnés dans leurs maladies, que le défaut d'hygiène rendait plus nombreuses et plus pleines de périls. Les soins intelligents et charitables étaient, par conséquent, d'un grand prix.

Mlle de Volvire avait donc deviné une des grandes misères de son temps. Aussitôt son retour, elle se mit à la disposition des infirmes et des malades pauvres, et, quand ils ne venaient pas assez vite, elle allait les trouver.

Sa charité et son courage furent bien supérieurs à toutes les répugnances de la nature dans le traitement des *infirmités* les plus invétérées et les plus hideuses. Ses yeux, si timides par ailleurs, sondaient les plaies, ses mains délicates enlevaient les pourritures, enfonçaient les charpies, renouvelaient le linge blanc. Elle arrangeait ses topiques, et en faisait toujours l'application avec une rare intelligence et une douce bonté.

Les *maladies* n'étaient pas moins bien traitées. Elle s'efforçait d'en connaître les causes, pour les détruire ; la nature, pour donner des remèdes appropriés ; les conséquences, pour accorder de bons conseils. Elle faisait elle-même les tisanes, préparait les potions, se constituait infirmière, et ne quittait les personnes souffrantes qu'après les avoir soulagées. Elle revenait toujours le lendemain, pour examiner l'effet de ses médications et les changer au besoin.

Bientôt, les villageois qui avaient de l'aisance, sans secours médicaux eux aussi, s'adressèrent à la bonne demoiselle comme les pauvres. Elle ne les rebuta point, et fit pour eux tout ce qu'elle faisait pour les autres. Pour récompense, elle ne leur demandait que leur pitié pour ceux qui ne possédaient rien. C'était un moyen d'établir l'aide et la charité entre tous. Sa pensée fut comprise, et les cœurs prirent une plus grande dilatation. Comme ses ressources ne pouvaient suffire à tout, elle trouva ainsi des secours dans chaque village, chacun se faisait un plaisir et un devoir de l'obliger.

Cependant, au milieu de ses courses incessantes aux misères du corps, Anne se faisait encore l'apôtre des âmes. Elle n'avait pas pris l'habit de la Retraite pour son simple plaisir : il était un engagement. Elle sut donc réveiller un remords éteint, surexciter la sensibilité du pécheur, encourager au bien, remettre la paix dans les cœurs et dans les ménages. Son caractère bon et franc lui attirait la confiance. Elle ne froissait personne, mais elle aimait à compatir. Aussi on parlait volontiers avec elle de ses peines au foyer domestique, et on la reconduisait pour en parler encore. Cet ange du bon Dieu répandait consolation et joie ; sa douce présence, son passage était un bonheur pour tous.

Les *nécessiteux* avaient aussi une large part à ses tendresses. Elle donnait, avec une joie et une grâce exquises, quelque chose à tous ceux qu'elle rencontrait. Elle allait fréquemment les visiter dans les villages. Ordinairement, elle était seule ; quand le panier aux provisions était trop lourd, elle se faisait accompagner de sa fille de confiance. Dans certaines circonstances, elle initia ses jeunes sœurs à ses bienfaits, et les pria d'y prendre part.

Elle recherchait principalement les *pauvres honteux*, ceux-là qui n'ont rien et passent pour avoir quelque chose, et dont les souffrances sont d'autant plus grandes, que personne n'y compatit. Tout le monde, dans le voisinage, fut bientôt connu de la bonne demoiselle, car aucun n'avait à rougir de ses indiscrétions. La confidence, placée dans son sein, y restait toujours. Elle était la femme forte et prudente, que nos livres saints aiment tant à louer.

M. de Volvire établit sa fille distributrice des aumônes de sa maison en faveur de cette sorte de malheureux, qu'on appelle *mendiants*. Ils venaient au château sans se faire prier ; on sait que cette classe n'est généralement pas timide. Anne les connaissait tous en particulier, et savait mettre de l'équité dans ses répartitions. Plusieurs avaient grand besoin d'aumône spirituelle ; les réprimandes et les éloges arrivaient à propos. Cependant, en vertu de sa douce piété, elle inclinait plutôt vers la miséricorde. Un jour, sa fille de confiance lui fit remarquer qu'un mendiant, après avoir changé d'habits, revenait, pensant n'être point reconnu, recevoir une nouvelle offrande. « Laissez-le, reprit la bonne demoiselle ; la peine qu'il a eue à changer ses haillons mérite, pour cette fois, une seconde assistance. »

M. de Volvire ne manquait ni de religion, ni de cœur ; riche, il pouvait être bienfaisant. Désirant avoir une part aux mérites de sa fille, il lui dit de se mettre à l'aise et de prendre dans sa maison tout ce qui lui serait nécessaire. Celle-ci, toute joyeuse d'un pareil concours, alla acheter des étoffes diverses, pour faire des

…ements. Elle retint presque continuellement un
… tailleur, nommé Joseph Chaussée, et travailla
…ême, dans tous ses moments libres, pour faire
…êtements, qu'elle distribuait à ceux qui en man-
…ent le plus.
… appartements qui touchaient à sa chambre et à la
…elle, furent mis à sa disposition. C'est là qu'elle
…it les plaies, donnait des consultations, confec-
…ait les habits, tenait l'école et distribuait de pieux
…tes avis.
…dant près d'une vingtaine d'années, ces œuvres
…tables se renouvelèrent chaque jour.
… vues, grandes et généreuses, s'étendirent bien au
…de son domicile ordinaire. Comme elle le constate
…n testament, elle eut une bienveillance spéciale
… l'hôpital de Ploërmel. A cette époque, on le trans-
…é de la rue qui en a conservé le nom, à Calmont-
… L'administration voulait centraliser les ressources
… malheureux, sans oublier les nécessités d'un air
… pur et plus sain. La ville acheta des terrains ;
… Boisgelin, seigneur de Malleville, en concéda
…es, et Mlle de Volvire y fut pour sa part.
… nouvel hôpital fut prêt en 1680. Les dames de
… Thomas de Villeneuve, fondées à Lamballe en
… étaient venues, au nombre de deux, desservir
… hospice dès 1666, et furent admises dans celui
… venait de bâtir, aussitôt qu'il fut disponible ;
…t alors Mesdames Françoise Le Nepvou et Anne
…ignan.
…ligieuses de Saint-Thomas de Villeneuve ap-

partenaient primitivement presque toutes à la noblesse et se dévouaient gratuitement au service des pauvres dans les Maisons-Dieu. Leur institut, qui existe encore, a dû continuer les mêmes traditions.

Une des sœurs d'Anne entra dans cet ordre ; et, quand il fut définitivement constitué, elle en devint la première supérieure générale. Au moment de sa mort, à Paris, le 16 octobre 1697, le Père Ange Le Prout, fondateur, l'ayant appelée dans sa chambre, lui communiqua ses dernières volontés, et lui recommanda beaucoup la société naissante. Elle était déjà bien étendue, et accomplissait une œuvre jusque-là abandonnée par les ordres religieux de filles.

Or, Mlle Anne-Toussainte alla souvent à Ploërmel, aider les deux religieuses dans leur charitable travail. Il paraît que leur patrimoine n'était pas considérable, et suffisait à peine à leur entretien, car parfois elles prirent quelque chose sur les ressources de l'hôpital. Anne ne voyait que les pauvres et la règle ; elle leur dit donc qu'ayant fait vœu de soigner gratuitement les malheureux, elles devaient tenir à leur promesse, ou se retirer. C'était sévère, mais c'était juste. Les directeurs furent du même avis, et les deux religieuses, vers 1695, se virent dans l'obligation de partir.

VIII — L'École.

Le Fils de Dieu évangélisait la Judée, et les Apôtres étaient à ses côtés. La foule attentive écoutait ses paroles de vie, quand un bruit se fait entendre : c'étaient les pères et des mères qui apportaient leurs petits enfants à bénir. Les apôtres, ignorants encore des voies divines, ne les estiment pas dignes d'arrêter un instant les regards de leur maître, et ils les repoussent. Jésus ne peut souffrir un zèle si étroit : « Laissez, dit-il, les petits enfants venir à moi ; le royaume des cieux appartient à ceux qui leur ressemblent. » — En effet, créateur de tous, il savait ce que sa providence avait mis dans les plus humbles et les moins âgés. En les bénissant, il bénissait l'avenir et consacrait la triple espérance de la famille, de la religion et de la société.

L'Eglise, qui est l'obligée de tous et l'apôtre du monde, s'adresse, comme son divin fondateur, à toutes les conditions et à tous les âges, mais elle a des prédilections pour l'enfance, et fait de son éducation la première, la plus sainte de ces sollicitudes. Quand les pères et les mères remplissent ces devoirs, que Dieu et la nature leur imposent, elle leur vient en aide ; quand, par incurie, incapacité ou ignorance, ils ne les remplissent pas, elle s'efforce de les remplacer.

Au XVII° siècle, l'Église s'occupait encore seule de l'instruction publique. Les évêques fondaient des écoles, mais ils ne pouvaient suffire à tout, car les administrations paroissiales ne prêtaient presque aucun concours. Il fallait recourir au zèle de quelques particuliers.

Alors il y avait, dans notre pays, des prêtres nombreux, et ceux qui n'étaient point occupés dans le saint ministère et n'avaient pas charge d'âmes, acceptaient l'éducation des jeunes gens, dont, grâce à eux, une certaine portion savait lire et écrire. Nos registres de paroisses, dans les campagnes, portent bien souvent plus de signatures qu'on n'en trouverait aujourd'hui. Les pieuses filles, dites sœurs des tiers-ordres, prenaient soin des enfants de leur sexe dans les villages qu'elles habitaient, et leur apprenaient leurs prières, leur catéchisme et la lecture, tout en tâchant de les former à la vertu.

Il y avait des localités où les enseignements charitables et gratuits manquaient, et alors l'éducation, restant aux soins de pères et de mères qui n'en avaient point eux-mêmes, devenait nulle.

Dans le voisinage de Mlle du Bois-de-la-Roche, il n'y avait point d'école publique approuvée par l'évêque diocésain. — Elle n'avait point à s'occuper de l'instruction que quelques prêtres isolés donnaient aux jeunes gens. — Restaient les bonnes et pieuses filles des tiers-ordres, bien insuffisantes pour des besoins nombreux et toujours renaissants. Aussi l'ignorance était grande dans certains villages, et les désordres, qui en sont les conséquences, ne prenaient point de relâche. Dans ses courses journalières aux infirmités corporelles, Anne avait remarqué cette autre infirmité intellectuelle, morale et religieuse, et en avait ressenti de la peine.

Mais quelle conduite tenir et quels moyens prendre pour la guérir ?

Pour répondre à cette question, la pensée lui vint de se faire elle-même maîtresse d'école ; c'était, assurément, le chemin le plus court. Mais deux obstacles se présentaient, et avaient de la valeur à ses yeux. —

... embrassé les saintes voies de la solitude
... elle savait, par expérience, que le soin
... des pauvres lui prenait déjà une grande
... temps ; l'éducation de l'enfance prendrait
... Ensuite, elle avait toujours éprouvé, pour
... et grossiers, une telle répulsion, qu'elle
... vaincre encore.
... Dieu, bien décidée à écouter sa voix,
... sonnes sages les conseils les plus désin-
... réponse de sa conscience et de ses con-
... même, et doublement affirmative.
... mença.
... elle voulut d'abord faire un essai : c'était
... Elle connaissait une petite fille, bien
... infirme, bien répugnante et d'un détes-
... Elle alla la demander à ses parents, et
... elle défense fut faite à la femme de
... s'en occuper.
... naturelles devaient subir l'épreuve la
... ...érisée. Anne se fit plus que mère envers
... déshéritée. Aux soins de la nourriture, de
... ...es veilles de jour et de nuit, elle ajouta le
... de l'infirmière. D'abord, elle réussit peu ;
... serait déconcertée. Mais la patience d'une
... ne s'abat pas si facilement. Dieu vou-
... qu'elle sortît triomphante de ce double
... elle-même et contre cette autre nature,
... ingrate. La santé de la petite fille, en
... une heureuse transformation, réagit
... son esprit et son cœur. Au bout de

quelques mois, elle était gentille..... L'expérience était faite.

Les petites filles pauvres furent convoquées, et accoururent avec bonheur et joie. M{^{lle}} de Volvire se mit au milieu de son troupeau. Il y avait beaucoup à faire.

Suivant son habitude, elle voulut d'abord de la propreté, signe extérieur de la décence intérieure. Les vêtements durent être lavés et raccommodés ; peut-être supportables dans les villages, ils ne l'étaient pas dans une réunion. Elle donna du linge nouveau à celles qui en manquaient trop Elle apprit à toutes à se servir de l'aiguille et à tricoter.

La propreté de l'âme ne pouvait rester en oubli. La bonne maîtresse inculqua la crainte et la fuite du péché, qui mènent à l'amour et à la culture de l'innocence, bien suprême pour ce monde et pour l'autre.

Nous avons tous été créés pour connaître, aimer et servir Dieu. De là des devoirs importants, qu'elle fit pénétrer dans les esprits et dans les cœurs, en apprenant les prières et le catéchisme.

Membres d'une famille, elle fit comprendre ce que chacun doit de respect, d'obéissance, d'assistance et d'amour à son père et à sa mère ; de cordialité à ses frères et sœurs ; de justice et de charité à ses voisins.

Responsables devant Dieu de notre conduite personnelle, chacun devrait respecter son corps et ses sens, son âme et ses facultés, ses pensées et ses actions.

Anne, bien convaincue que ses enseignements ne pourraient atteindre que l'éducation morale et religieuse, se fit toute à toutes, petite avec de petites filles.

[e]lle distribuait le lait susceptible de digestion, et non [la] nourriture forte et apte pour d'autres plus robustes. [So]n langage était simple et familier ; ses comparaisons [à] la portée de son humble troupeau. Aussi on l'écoutait [av]ec plaisir ; les succès furent rapides et remarquables.

Cependant elle ne voulut point négliger la lecture, [ca]r elle savait la valeur d'un bon livre médité et compris, [q]ui occupe les loisirs du dimanche et les soirées des [fa]milles. Les mères, par ce moyen, peuvent instruire [le]urs enfants. Mais comme elle ne suffisait pas à tout, [l]es jeunes filles, plus intelligentes, furent poussées avec [b]eaucoup d'activité, et devinrent ses aides : c'était [l']école mutuelle.

Mlle de Volvire continua ces pénibles et difficiles [fo]nctions pendant une quinzaine d'années, sans dis[c]ontinuer le soin des malades et des pauvres. Le triste [ét]at de sa santé, vers la fin de sa vie, l'obligea seul à [le]s abandonner. Voyant que cette œuvre pourrait mou[ri]r avec elle, son cœur d'apôtre en souffrit. Elle encou[r]agea donc les filles des tiers ordres par ses avis comme [p]ar ses exemples. Ces pieuses paysannes l'écoutèrent, [c]ar longtemps elles furent les infirmières des malades [e]t les institutrices des pauvres dans nos campagnes.

Dieu compta les efforts et les peines d'Anne-Tous[s]ainte, car, il nous l'a dit, tout ce qu'on fait pour les [h]umbles de ce monde, on le fait pour lui. Les enfants [l]ui accordèrent toute leur vénération, et la firent par[t]ager à leurs parents et aux générations suivantes.

IX. — Faits divers.

Joseph de Volvire, frère d'Anne, épousa, vers 1678, Madeleine-Elisabeth de Beaux de Sainte-Frique. Anne prit une vive part à la joie, mais non aux fêtes du mariage ; le bonheur de la famille allait à son cœur, et non le bruit et les mondanités du siècle.

Il se présenta bientôt une autre cérémonie à laquelle, cette fois, elle prit une part pleine et entière. Sa sœur Geneviève, après une grande confiance et une douce tendresse, s'était éprise de son esprit de piété. Se sentant appelée à la vie religieuse, elle obtint la permission de ses parents et se retira au couvent des Ursulines de Ploërmel. Elle fit un noviciat plein d'édification. Le jour de la profession arrivé, M. et Mme de Volvire s'y rendirent avec leurs enfants. Anne pria beaucoup pour cette autre elle-même, que le bon Dieu prit au bout de quelques années, déjà mûre pour le ciel.

Joseph eut plusieurs enfants : le 1er mai 1681, un premier né, qui reçut le nom de son père[1] ; le 26 mai

---

[1] Ce Joseph-Philippe de Volvire, né au Bois-de-la-Roche le 1er mai 1780, embrassa la carrière militaire. Dangereusement blessé à la tête au combat de Malplaquet (1er septembre 1709), il ne voulut pas quitter le champ de bataille, quoique toute la maison du roi insistât fortement pour qu'il le fît. Couvert de sang depuis la tête jusqu'aux sabots de son cheval, il participa encore à plusieurs charges, qui excitèrent l'admiration et l'inquiétude des témoins de son intrépidité. Il fut nommé maréchal des camps et armées du roi, et devint son lieutenant aux évêchés de la haute Bretagne, c'est-à-dire aux évêchés de Saint-Malo, de Dol, de Rennes.

1683, un second fils, qui fut appelé Charles comme son grand-père. Anne éprouva beaucoup d'amitié pour eux, et, dès qu'ils furent en état de la comprendre, elle aida leur mère à les former.

La famille avait constamment servi la royauté. Les ancêtres avaient occupé de hautes positions, qu'ils avaient méritées, et plusieurs s'y étaient fait une belle réputation. Charles, resté dans ses terres, ne manquait pas, pour cela, de connaissances et de protecteurs à la cour. Ceux-ci n'avaient pas laissé ignorer son nom au grand roi, ni même les qualités précieuses de sa fille et ses bonnes œuvres multipliées. Les deux garçons de Joseph, déjà arrivés à un certain âge, furent désignés pour faire leurs études au collège de Louis-le-Grand, à Paris. Mlle de Volvire fut chargée d'accompagner son frère pour les y conduire. Elle en éprouva de rudes perplexités intérieures : ses exercices pieux et ses œuvres charitables allaient souffrir. Mais les ordres de son père étaient formels, rien ne pouvait les faire retirer ; elle devait se soumettre, et elle se soumit.

---

de Nantes et de Vannes. En 1746, déjà âgé, il défendit la ville de Lorient contre les Anglais descendus sur les côtes de la mer. — M. de Volvire avait épousé Marie Le Mallier de Chassonville, dont il eut un fils, qui se fit tuer, dans une querelle d'étiquette, au mariage du Dauphin, fils de Louis XV. Par suite de ce décès, la seigneurie du Bois-de-la-Roche revint à une petite-fille de M. l'Ollivier de Saint-Maur, qui épousa M. de Saint-Pern, dont elle eut dix-huit enfants, tous vivant ensemble et mangeant à la même table, avec le père et la mère. Cette nombreuse famille, comme le château du Bois-de-la-Roche, qu'elle habitait, éprouva presque toute entière les fureurs de la Révolution.

Les enfants remis au collège de Louis-le-Grand, elle visita les églises et plusieurs monastères de la capitale, tandis que son frère remplissait ses devoirs de civilités dans le monde. On parla à Joseph de sa sœur, et les amis de sa famille désirèrent la voir. Bien plus, des indiscrétions furent faites à l'oreille du roi, et une présentation à la cour devint nécessaire. Qu'allait faire la pieuse demoiselle ? En obéissant à son père, en quittant le Bois-de-la-Roche pour faire le voyage de Paris, elle avait fait preuve de son bon esprit habituel et accepté en principe tous les incidents qui se présenteraient. — Au jour fixé, elle se revêtit donc de son habit des Dames de la Retraite et se présenta à Versailles. Louis XIV l'entretint quelques instants, et fut si charmé de son esprit et pénétré d'estime pour sa personne, qu'après lui avoir donné ses éloges, il lui fit remettre une somme d'argent pour l'aider dans ses bonnes œuvres.

Bien d'autres, en ce temps-là comme toujours, auraient tressailli d'orgueil, en recevant un pareil honneur de la part du grand monarque. Anne sortit du palais plus humble et plus modeste encore.

Avant son départ, elle avait assisté au mariage de sa sœur Agathe-Blanche avec M. Sébastien l'Ollivier de Saint-Maur, dont la mère était une Rosmadec. A son arrivée, elle trouva son père atteint d'une maladie qui allait le conduire au tombeau. Tout ce que peuvent inspirer les sentiments les plus affectueux et les plus dévoués, elle le fit pour le vénérable auteur de ses jours, et partagea toutes les sollicitudes de sa bonne mère. Le mal faisait, malgré tout, des progrès rapides.

ANNE-TOUSSAINTE DE VOLVIRE 47

... avait vécu en chrétien, l'approche de son heure ... ne l'affligeait pas trop. M. Bellenger, recteur ... paroisse, vint entendre sa confession et lui admi... ... les derniers sacrements. Le 26 février 1692, à ... de soixante et onze ans, il rendit son âme à Dieu. ... corps fut transporté dans le tombeau où reposaient ... autres, depuis Philippe de Montauban, en 1514, ... l'église des Carmes de Ploërmel.
... de Volvire fut plongée dans la douleur. Depuis ... ans qu'elle lui était unie elle avait pu apprécier, ... les grandes et bonnes qualités de son époux. ... et fit prier pour le repos de son âme. Anne ... un ange de consolation pour elle.

X. — Mort.

... toutes ces secousses, la bonne et sainte fille ... de son mieux ses œuvres de charité. Mais sa ... devenue chancelante, ne lui permit point de les ... avec son activité première. Une grande ... et souvent de grandes souffrances paralysaient ... courage. Il lui était difficile de se rendre compte ... position qu'elle acceptait soumise et résignée. Son ... au contraire, conservait une énergie, qui semblait ... à mesure que l'enveloppe terrestre devenait plus ... La maladie augmenta dans les derniers mois ... de 1693. Anne était sans illusions : ce n'était ... qui arrivait, mais la délivrance. Si elle avait ... peu aimé le bon Dieu, bientôt elle l'aimerait ...

Mme de Volvire et son fils Joseph, devenu seigneur du Bois-de-la-Roche depuis la mort de son père, ne voyaient pas les choses avec autant de placidité. Ils éprouvaient des inquiétudes et des craintes. Les consultations assidues d'un médecin étaient impossibles au château ; ils prirent la résolution et les moyens de conduire la malade à Ploërmel. Là, la bonne mère ne voulut point se séparer de sa fille chérie, et resta auprès d'elle pour lui donner tous ses soins. Hélas ! tout fut inutile. L'épi était mur et plein ; Dieu voulait le recueillir.

M. Jean Eon, prêtre de la paroisse de Néant, et qui en devint recteur quelques années plus tard, était le confesseur de Mlle de Volvire ; il se rendit plusieurs fois à Ploërmel, et lui accorda tous les secours comme toutes les consolations de son ministère. Au commencement du mois de février 1694, il dut lui administrer le saint Viatique et l'Extrême-Onction. La malade les reçut avec les dispositions les plus saintes et les plus édifiantes, en présence de plusieurs personnes admises à ce moment solennel.

Anne avait demandé à être enterrée, non dans l'enfeu de ses ancêtres à Ploërmel, mais, suivant l'usage général de ce temps-là, dans l'église de Néant. Une pensée l'avait préoccupée : c'était là qu'elle avait reçu la régénération surnaturelle, qu'elle avait fait ses prières pendant sa vie, participé aux saints sacrifices et à la divine Eucharistie ; ce serait là aussi que les pauvres qu'elle avait aidés, que les petites filles qu'elle avait instruites, viendraient ouvrir leurs cœurs à Dieu, et ne l'oublieraient peut-être pas dans leurs supplications. Alors son désir fut formulé.

Mme de Volvire et ses autres enfants partageaient ce désir : la bonne odeur des vertus de celle qui les avait tant édifiés vivrait encore après sa mort au milieu d'eux. Ils firent plus, car ils voulurent la voir terminer ses jours dans la maison paternelle. Ils organisèrent tout pour la transporter immédiatement au Bois-de-la-Roche.

La sainte fille, désirant être toujours prête, sous tous les rapports, à paraître devant Dieu, avait fait plusieurs testaments. Son frère Joseph lui ayant fait quelques communications, elle jugea à propos d'en faire un nouveau.

Le 10 février 1694, elle appela les notaires, qui se présentèrent pendant la matinée, dans cette chambre, témoin muet d'une si grande partie de sa vie, et placée auprès de la chapelle du château. On peut dire, sans allusion à la formalité ordinaire, qu'ils la trouvèrent saine d'esprit et de jugement.

M. Ermar, curé de Ploërmel, qui l'avait accompagnée à son retour, fut un des témoins ; Joseph de Volvire, son frère, et M. de Carné de Trecesson étaient présents.

Anne-Toussainte renouvela l'expression formelle de sa volonté d'être enterrée dans l'église de Néant, près des fonts baptismaux. La cérémonie de ses funérailles serait simple comme celle des pauvres, sans pompe ni tentures aux autels. Elle priait le clergé de la paroisse et celui des paroisses voisines de vouloir bien y assister; léguait trois cents livres pour payer les frais, dire des messes et faire une distribution aux malheureux.

Elle possédait deux cents livres de rentes, sur un capital de 3,500 livres. Le constitut était placé sur la Chambre des Comptes de Nantes. Le tout fut légué à l'hôpital de Ploërmel, pour la nourriture et l'entretien des pauvres. Si les religieuses du Père Ange, qui le dirigeaient encore, devaient en profiter pour elles-mêmes, ce legs serait annulé par le fait, et transféré à l'hôpital de Loudun, où les sœurs traitaient, en réalité, gratuitement les malades et les pauvres. Afin de reconnaître le bienfait, les habitants de l'hospice, qui en profiteraient, auraient à réciter, chaque jour, le *De profundis*, le *Pater* et l'*Ave* pour le repos de son âme et des âmes de ses parents défunts.

Un capital de neuf cents livres, qui était en sa possession, serait remis à l'hôpital de Saint Brieuc. La rente servirait à l'entretien perpétuel d'une petite fille pauvre, jusqu'à l'âge de dix-huit ans, moment où elle serait à même de trouver une bonne condition et de gagner son pain. Anne nomma immédiatement la première, Anne Duparc. Les seigneurs du Bois-de-la-Roche présenteraient les autres à l'avenir. Si, par négligence, ils omettaient quelque jour de le faire, les rentes serviraient à payer l'huile de la lampe du Saint-Sacrement dans la chapelle de l'hospice, et à dire des messes pour le repos de son âme et celle de ses parents défunts.

« Comme ces sommes d'argent, ajouta la testatrice, ne viennent point des biens de notre maison, mais particulièrement de mes soins, de mon travail et de mes ménagements, j'ai toujours prétendu en faire les pauvres mes seuls héritiers. J'espère que M. le comte du Bois-de-la-Roche, mon frère, ici présent, me gardera la promesse qu'il m'a faite à cet égard, car c'est à cause de cette promesse que je révoque aujourd'hui mes précédents testaments. Je nomme M. de Carné de Trecesson, qui m'entend, mon exécuteur testamentaire, et le prie de vouloir bien me rendre fidèlement ce dernier service »

MM. de Volvire et de Trecesson assurèrent à la bonne malade que ses volontés seraient pleinement exécutées, et qu'elle devait rester tranquille et sans inquiétudes sous ce rapport.

Désormais toutes les affaires étant réglées, il ne restait plus à Anne qu'à se préparer de son mieux à sa dernière heure.

Son voyage de Ploërmel au Bois-de-la-Roche, malgré toutes les précautions prises, l'avait fatiguée, et les préoccupations nécessaires pour la confection d'un nouveau testament avaient encore ajouté à cette fatigue. Les souffrances avaient donc redoublé d'intensité et elles étaient déjà grandes auparavant. La malade ne s'en plaignait pas ; elle se plaignait, au contraire, de n'avoir pas assez souffert pour Jésus-Christ, de ne pas souffrir assez pour mériter le ciel. Ses expiations n'étaient rien, à ses yeux, en comparaison des fautes de sa jeunesse. Sa confiance était toute dans les mérites du Sauveur ; elle se tenait attachée de cœur et d'esprit à la croix : le sang divin, qui y fut versé, purifierait et sanctifierait son âme.

Cependant Mme de Volvire ne quittait pas sa fille un instant, s'efforçant de cacher des inquiétudes et des peines qui débordaient. Anne recevait ses soins avec reconnaissance et trouvait, de temps en temps, quelques paroles pour la consoler : « Ma mère, lui disait-elle, nous nous reverrons, le chrétien ne meurt pas, il change seulement de demeure. Le ciel est notre patrie. »

Au dehors, les préoccupations étaient générales. Les enfants, les pauvres, les mères venaient demander des nouvelles en pleurant. Il aurait fallu annoncer le retour à la santé, quand le terme de l'existence approchait sans laisser d'espérance.

La bonne demoiselle avait donné des consolations à bien des mourants. Il semble que plus le moment approchait, plus Dieu se faisait lui-même son consolateur, en lui montrant l'immortalité bienheureuse. Il mit fin aux retards. Le 20 février 1694, vers l'heure de midi, cette belle âme se détacha doucement des liens mortels et s'envola aux cieux.

XI. — Enterrement.

La triste nouvelle se répandit avec rapidité ; la consternation et le deuil furent universels. On perdait la meilleure des bienfaitrices et des mères. On vit alors combien les bienfaits et les vertus de Mlle de Volvire avaient jeté des racines profondes, car l'amour et la vénération ne devaient pas finir. *In memoriâ æternâ erunt justi.*

Le corps fut placé dans la chapelle du château, où tout le monde put venir. Ailleurs, la divine justice est suppliée de faire une grande part à la miséricorde ; ici, déjà on prenait la liberté d'invoquer la sainte.

fidèles s'arrachaient les lambeaux de ses vêtements, faisaient toucher à ses membres des objets pieux, et les emportaient comme de précieuses reliques.

Le lendemain aurait lieu l'enterrement ; la distance serait d'une grande lieue et les chemins remplis de boue. L'amour triomphe de tout ; on se disputa l'honneur de porter en terre ce corps vénéré. Les filles pieuses et pauvres, les bonnes amies de la défunte, obtinrent le privilège ambitionné.

Le clergé de Néant et des paroisses voisines ne se fit pas prier pour assister au convoi funèbre. Les prières liturgiques furent psalmodiées durant le parcours du château à l'église.

Les porteuses, à cause de la fatigue, s'arrêtaient de temps en temps, et, comme elles étaient en nombre, se remplaçaient les unes les autres.

A environ un kilomètre du bourg de Néant, on dut faire un dernier arrêt, et le corps fut déposé à terre. Les nombreux assistants, à genoux, priaient, quelques-uns pleuraient, tous étaient profondément recueillis... Les pieuses filles reprennent la bière, se remettent en marche... Mais, ô surprise ! une belle source, inconnue jusque-là, jaillissait subitement au milieu de la route, de l'endroit même que venait de toucher la bière ! — Tout le monde regarde, l'assistance connaissait les lieux, son attention est fixée, pas d'erreur possible. Le même cri sort de toutes les âmes : Dieu manifestait publiquement la sainteté et la gloire céleste de sa servante.

Un concours immense, venu de tous côtés, sous l'influence des sentiments du respect, de la reconnaissance et de la douleur, assistait à l'église à la dernière cérémonie et aux dernières prières.

Une tombe était creusée auprès des fonts du baptême : le précieux corps y fut déposé. Chacun, le cœur gros d'émotions, jeta l'eau bénite. Ces émotions, ces prières et ces larmes allaient bientôt prendre une autre direction, et seraient les préludes de celles que les générations futures, dans leur confiance et dans leurs peines, viendraient aussi apporter sur ce tombeau. *Pretiosa in conspectu Domini mors sanctorum ejus*.

On écrivit, sur le registre commun, l'acte suivant :

« Ce jour, vingt-unième février 1694, a été inhumé, dans l'église de Néant, au haut des fonts baptismaux, du côté vers minuit, où est la sainte piscine, comme elle l'a demandé par son testament, le corps de demoiselle Anne-Toussainte de Volvire, fille aînée de feu messire Charles de Volvire et de dame Anne de Cadillac, seigneur et dame du Bois-de-la-Roche ; ladite demoiselle âgée d'environ quarante ans, et après avoir reçu les sacrements de pénitence, d'eucharistie et d'extrême-onction de dom Jean Eon [pendant] qu'elle demeurait à Ploërmel : et décédée le jour d'hier, environ midi.

« Signé : TRESSART, prêtre. »

D'une autre main et d'une autre écriture, la note suivante fut mise à côté de l'acte de décès : « Morte en odeur de sainteté. » — En effet, toute la vie d'Anne-Toussainte, depuis l'âge d'environ dix-sept ans, n'avait été qu'un parfum d'innocence, de grandes vertus et d'in-

… bienfaits. Ces quelques mots résumaient … …ence et l'opinion commune. Rien ne pouvait … … le sentiment général de faire explosion.

XII. — Vénération.

… avons vu la vie de Mlle de Volvire, de sa nais-
… sa mort. Si nous n'avons pas été plus explicite,
… les renseignements nous ont manqué.
… …esse fut bonne, quoique un peu mondaine
…
… …version fut éclatante, sérieuse et complète.
… …ant une vingtaine d'années et plus, elle purifia
… …it son âme par des austérités, dont seule elle
… …ffrir. Son cœur, on peut le dire sans figure,
… … par-dessus toutes choses, et dans une im-
… …mesure. Si ses efforts s'étaient arrêtés là, il y
… …u de quoi attirer l'admiration, mais ç'aurait été
… …r Dieu seul l'aurait bien comprise.
… …vices qu'elle rendit au prochain, surtout aux
… …es, aux pauvres et aux enfants, et qui débor-
… …comme une passion de la meilleure partie d'elle-
… …frappèrent et attendrirent le sentiment public.
… …temporains éprouvèrent une telle vénération,
… …élevèrent, comme spontanément, à sa plus haute
… … celle d'un culte.
… …avons vu, dès le moment de sa mort les fidèles
… … à l'invoquer. Mais ensuite, le jaillissement
… …belle source sous la bière, le récit mutuel
… … humbles et touchantes, de services conti…

nuels rendus avec tant de délicatesse, d'une conduite découverte qu'on n'avait pu surprendre en faute, produisirent un prodigieux effet. Dieu, se disait-on, ne peut laisser tant de mérites sans récompense, et celle qui fut sur la terre notre douce et vigilante bienfaitrice, n'a pu perdre ce titre dans les cieux...; et ils accoururent à son tombeau.

Mme de Volvire vécut près d'une vingtaine d'années après sa chère enfant, et fut témoin de son triomphe. Son cœur maternel en fut ému, et, aux approches de ses derniers moments, elle demanda à être enterrée près de sa tombe. Elle eut l'espérance de trouver là quelque chose de surnaturel, qui élèverait plus facilement son âme vers le ciel; — ceux qui viendraient invoquer la fille, prieraient peut-être pour la mère. Enfin, elle donnerait ainsi une dernière protestation de son amour et de sa vénération, que le public pourrait comprendre.

Le 28 juillet 1713, Anne de Cadillac, âgée de soixante dix-sept ans, décédée la veille au château du Bois-de-la-Roche, fut donc enterrée dans la première place, au-dessus du tombeau d'Anne-Toussainte.

Nous avons connu, dans notre enfance, une personne née vers 1735, et morte vers 1830, qui avait vu les contemporains de la sainte demoiselle, et qui racontait avec un bonheur ineffable ses belles vertus, ses nombreux bienfaits, le jaillissement de la fontaine miraculeuse, le concours des pèlerins à son tombeau. Son récit était une magnifique légende, dont elle faisait part à ses petits-enfants.

Nous lisons aussi dans le manuscrit de M. Guillotin, écrit à Concoret pendant les plus mauvais jours de la Révolution : « Le tombeau de Mlle du Bois-de-la-Roche est toujours dans l'église de Néant, et honoré par l'affluence des pieux fidèles ».

Ce parfum de sainteté et de protection surnaturelle n'a rien perdu avec le temps. Chaque année, des milliers de fidèles viennent encore au pieux tombeau accomplir des promesses, faites au milieu des angoisses de la vie, rendre leurs actions de grâces ou implorer des secours. Il est beau et édifiant de voir leur recueillement dans le parcours de la fontaine au tombeau, où ils présentent leurs cierges bénits, dont la lumière pure semble continuer leurs prières, même après leur départ.

Maintenant il resterait une question à éclaircir, celle des faveurs accordées par la divine Providence à l'intercession de la bienheureuse demoiselle. On le sait, les voies de la grâce et des bénédictions célestes sont ordinairement mystérieuses et cachées. Elles procèdent avec suavité et douceur, sous les apparences des lois de la nature. L'ordre surnaturel est l'auxiliaire de l'ordre naturel, ses influences sont sans secousses, placides et sans bruit. Ainsi, dans la maladie, le médecin prescrit les remèdes et les applique, Dieu en dégage le principe sanitaire qui guérit ; dans les grandes tribulations de l'âme, l'homme donne des consolations, Dieu les fait prendre et les rend efficaces. La meilleure de toutes les prières semble donc être celle qui consiste à dire : « Mon Dieu, ayez pitié de moi ; cependant que votre sainte volonté soit faite. *Fiat voluntas tua.*

Les miracles sont une dérogation à la marche habituelle de la vie du monde; aussi ils sont brusques, imprévus, étonnants. Or, Dieu ne peut aimer ce qui trouble. *Non in commotione Dominus.* Demandons-lui, par l'intercession des saints, tous les bienfaits dont nous avons besoin, mais dans la mesure des voies ordinaires, et nous serons écoutés bien plus souvent que nous ne le croirons.

L'affluence incessante de pieux pèlerins au tombeau de Mlle de Volvire nous laisse entendre que leurs supplications n'ont pas été vaines, et qu'ils ont éprouvé qu'elle était puissante auprès du Dieu miséricordieux. La conscience, le cœur et la parole des générations passées et présentes ne peuvent laisser de doutes pour le chrétien qui veut bien sentir et bien comprendre.

On a rapporté des secours importants, des guérisons extraordinaires obtenues par son intercession[1].

L'histoire des saints prouve que, toujours et partout, ce fut la foi des peuples et leur vénération pour les personnes mortes en odeur de sainteté, qui attirèrent l'attention de l'Eglise et prévinrent ses jugements. Pendant le temps d'épreuve, elle regarde et demeure attentive, bien persuadé que, si le doigt de Dieu n'est pas là, tout finira bientôt. S'il se glisse des abus, elle les réprime. Or, voilà bientôt deux cents ans que Mlle du Bois-de-la-Roche subit cette épreuve d'un culte particulier, privé,

---

[1] Le cahier paroissial contient déjà le récit circonstancié de quatre-vingt-une faveurs obtenues, dit-on, au tombeau de la *Sainte de Néant*; elles concernent des enfants, des malades, des mourants, et plusieurs grâces spirituelles.

et l'Eglise ne s'est point prononcée. Il y a plus : elle ne se prononcera probablement jamais, car personne ne sera en mesure de remplir toutes les formalités, faute de ressources, qu'elle exige, même pour la simple béatification.

Disons-le en finissant : les qualifications de *bienheureuse*, de *sainte*, dont nous avons pu nous servir, tenaient à la nature de notre récit. Nous n'avons point eu la pensée de devancer le jugement de l'Eglise, nous nous soumettons à toutes ses lois.

TABLE

Introduction	V
I. Naissance	11
II. Éducation	13
III. Conversion	16
IV. Épreuves	20
V. Transformation	24
VI. Vie de piété	28
VII. Malades et pauvres	32
VIII. École	38
IX. Faits divers	44
X. Mort	47
XI. Enterrement	52
XII. Vénération	55

VANNES

IMPRIMERIE LAFOLYE